광야에 꽃이 피다

엔크 시인선

광야에 꽃이 피다

초판발행 2021년 8월 15일

지 은 이   이옥규
펴 낸 이   박태일
펴 낸 곳   도서출판 엔크

출판등록   제301-2008-137호
주   소   서울시 중구 을지로 14길 8, 800호
전   화   02) 2268-5152
팩   스   02) 2268-5154

I S B N 979-11-86254-35-6 03810
정   가   10,000원

*인지는 저자와 합의하에 생략하며 잘못된 책(파본)은 교환해 드립니다.

광야에 꽃이 피다

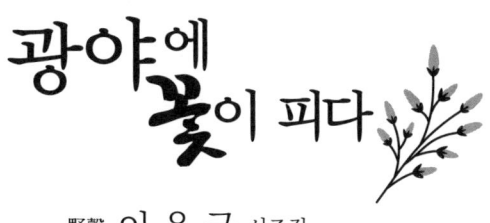

野聲 이 옥 규 시조집

도서출판 엔크

시인의 말

밝아오는 태양을 만나듯 나의 삶은 자연의 운기 속에서 호흡하고 있다. 신이 주신 선물이다.

자연 속에 살면서 환희의 감탄사를 보낸다.

때로는 헤아릴 수 없는 신비로움에 사로 잡혀 우주만물 해와 달, 산과 바다 그리고 계절 따라 스치는 바람도 내 마음을 흔든다. 지나온 세월 속에 살아온 추억들 연인의 눈빛으로 詩를 쓰게 한다. 순간마다 삶을 아름다움으로 바라보고 되새김질 하는 시인의 삶은 행복하다.

보이지 않는 의식을 깨우고 詩語로 창작하고 고뇌하던 노력으로 두 번째 시집(광야에 꽃이 피다)을 내놓게 되었다.

두터운 옷을 벗은 나의 삶의 고백이며 표현이다. 각박한 삶에서 잠시 쉬어가는 길목, 인간 내면의 정서를 공감하는 마음의 산책이 되었으면 한다.

그동안 정성으로 지도해주신 김선희 선생님과 함께 격려해 주신 문우들에게 감사함을 드린다.

2021년 7월에
성산 일우(一隅)에서

목 차

시인의 말 · 5

1부

그대 쉼터	14
회한	15
삶의 가치	16
아버지	17
어머니 생각	18
부부	19
우리 집 진품명품	20
건강 공장	21
주고 싶은 도적이라	22
어머니의 장독대	23
백세건강	24
작은 天國 우리 집	25
낮잠	26
심층수 콩국물	27
숨 고르며 쉬어가며	28
엄마는 요술쟁이	29
신축￥#년 새해결심	30
오래	31

2부

행복은 이런거야	34
누나 생각	35
말없이 보낸사람	36
건강은 가장 귀한 자산	37
당당하게	38
새로운 반전	39
알 수 없는 길	40
부메랑	41
오리무중	42
기다림	43
아름다운 사람	44
고목나무	45
수박	46
할미꽃	47
여름밤 불청객	48
봄의 향연	49

3부

쑥 예찬	52
능소화 필 때	53
춘분	54
사월 꽃봉오리	55
오월 신록	56
5월 풍경	57
유월	58
초여름	59
孟夏(첫여름)	60
반가운 손님	61
여름의 절정	62
사계절	63
하지(夏至)	64
여름휴가	65
겨울밤	66
정월대보름	67
강변의 봄	68
봄의 불청객	69
고향 하늘	70
여섯 시 내 고향	71
양평 소묘	72
사계절 꽃 마당	73

4부

백두산에 올라	76
제주도 기행	77
궁남지 연꽃	78
청송대 푸른 숲	79
중국기행	80
서오릉 먹자거리	81
예당호 출렁다리	82
서울 도성 한 바퀴	83
남도 일번지(전남 강진)	84
절두산 성지	85
호남평야	86
만종	87
마장호수에서	88
아파트 뛰는 소리	89
감기 걸린 자동차	90
강화도 유랑	91
한계령에 오르며	92
배풍산에 올라	93
지구촌 한 모퉁이	94
홀로 서서 거리두기	95

5부

어망과 법망	98
염치없는 양반네들	99
그를 두고 하는 말	100
선거바람	101
잃어버린 역사	102
충혼탑	103
75주년 광복절 헌시	104
개천절 헌시(제 4352주년)	105
청빈	106
土亭 이지함	107
세월호 합동장례식장	108
그 사람 1	109
그 사람 2	110
현충원 참배	111
새 포도주 새 부대에	112
한해를 보내며	113

바라보면 살리라   116

연민이 꽃피운 순정의 시간들   120

가치를
찾아준 것은
글을 쓰는 일이다

그대 쉼터

큰 나무 마음속에 정자하나 심었다
그대가 쉬어가는 우리사랑 머무는 곳
바람도 그대 얼굴에 미소 주는 쉼터

55년 한솥밥에 희로애락 지난 세월
고단한 삶속에서 피로를 풀어주던
시원한 그늘막 정자 나는 그대 쉼터

회한

산에서 내려다보면 걸어온 길 아득하다

거미줄 얽히듯이 인생의 명운길이

참으로 그 길은 어디인가 누구도 모르는 길

골목마다 맺은 사연 기억도 희미하고

알수가 없는데 또다시 가라한다

이제는 헤매고 싶지 않아 웃으면서 사양할래

삶의 가치

자기 일에
책임을
져야하는
어른으로

가족을
위하면서
지금껏
살았지만

가치를
찾아준 것은
글을 쓰는 일이다

아버지

글만 읽던 할아버지 가난이 전부였다

재넘어 천수답 이천 평이 전 재산

아버지 처가살이로 겨우 입에 풀칠하였다

가난이 친구처럼 붙어 다녀 허리 한번 못 펴고

자식들 입히고 먹이는데 모진 고난 한평생

하지만 우리 칠 남매 남부럽지 않게 키웠다

정직하게 살거라 가훈처럼 되뇌던

아버지 지금은 선산에서 우리를 지키신다

불효자 은혜의 보답 어떻게 갚으오리

어머니 생각

새벽마다 장독대에 정한수 떠놓고
못난아들 잘되라고 손모아 천주님께
간절히 빌고 비시는 정성어린 어머니

땀이 젖은 삼베적삼 밭고랑 벗 삼아
손발이 터지도록 일만하신 일벌레
일평생 허리한번 못 펴고 고생하신 어머니

묘비 앞에 엎드려 목 놓아 울어봐도
대답 없는 메아리 허공 속에 묻힌다
생전에 불효막심한 자식 속죄할 길 없어라

부부

무능하고 무심한 멋없는 그이지만
피곤하고 지칠 때 가려운 등 긁어주고
병들어 누워 있을 때 힘없는 손 잡아준다

고운 정 미운 정 세월 속에 묻어두고
조건 없이 따라야 할 기이한 운명이다
일평생 고락을 함께 하는 별 수 없는 부부사이

우리 집 진품명품

우리 집 진품은 사랑하는 아내요

그 다음 명품은 손자손녀 일곱 명

그리고 명품 중에 명품은 첫째와 둘째 며느리

건강 공장

내 집 내방 놔두고 병실에 누워있다

육체의 부품들이 반기를 들었구나

일평생 사용만 했으니 성질도 날만하다

세상일 여념없이 부려만 먹었으니

쉬어야 할 것을 앞만 보고 뛰었다

이제는 건강공장에서 새 제품으로 부활할 것이다

주고 싶은 도적이라

울 엄마 손때 묻은 친정집 장독대
언제나 간장 된장 퍼주고 또 퍼준다
주고도 또 주고 싶은 속이 없는 엄마 마음

무엇이든 가져가도 아깝지 아니하고
껍데기만 남아도 그것마저 주고픈
어쩐지 딸자식들은 주고 싶은 도둑이라

어머니의 장독대

양지쪽 뜨락에
질박한 항아리들

해를 먹고
바람 먹고
된장 간장 숙성 된다

어머니
부지런한 손놀림
그 정성에 맛스럽다

때를 따라 눈물젖은
행주로 목욕하고

기쁨도 애환도
소원성취 간구하며

일 평생
침묵의 수호신
어머님의 장독대

백세건강

병 없이 오래살기 누구나 바램이라

일하면서 지내야 치매예방 되는 것

장수의 첫째 비결은 정신건강, 지갑열기

제일은 자신의 몸과 마음 관리다

건강은 인생을 받쳐주는 기둥이다

튼튼한 체력을 길러 백세시대 맞이하자

작은 天國 우리 집

부모 자녀 어울려 반겨주고 쉬게 하는
즐거운 보금자리 웃음꽃이 피어난다
잔잔한 행복이 번지는 곳 작은 천국 우리 집

자나 깨나 머물러 살아야 할 안식처
허물없이 말하고 행동하는 공동체
혈육의 끈이 이어진다 5월은 가정의 달

낮잠

장마가 올라 온다고 기상청이 바쁘다

후덥지근한 기온은 32°C 가리키고

나른한 무기력증은 낮잠을 몰고 온다

점심 후 어김없이 찾아드는 졸리움

잠깐의 단잠으로 기분이 상쾌하다

능소화 타고 오는 바람 더위를 식힌다

심층수 콩국물

시원함이 가득하고 고소함이 가득하다
깊은 바다 육백미터 뽑아 올린 심층수
콩국물 깨끗한 물이 담백한 맛을 낸다

삼복더위 땀이 흠뻑 갈증에 목 태울 때
미네랄이 풍부한 여름철 음료수
콩국물 검은콩 두부에서 만든 것이 일품이다

숨 고르며 쉬어가며

커피도 들고 다니며 마신다
컵라면 컵밥 뚝딱 식사하는 세상이다
지금은 머리로 일하는 시대 뒤돌아 볼 시간 없다

다투어 뛰는 게 상책은 아니다
차분하게 서서히 생각 좀 하면서
신선한 반짝이는 아이디어 떠올릴 때 있으리라

우리의 속성은 빨리빨리
속도 내다 큰 사고 내는 일도 있으리
매사를 조심스럽게 숨 고르며 쉬어가며

엄마는 요술쟁이

우리 엄마
음식 솜씨
얼큰하고
담백해

무엇이든 조물조물 순식간에 맛을 낸다

손놀림
최고의 자랑
정성으로
빚는다

신축辛丑년 새해결심

동녘 햇살 찬란히 떠오를 새해 꿈은

바람에 날개 달고 황소처럼 힘을 내어

지난해 어려웠던 일 이제 멀리 던지리라

뚜벅뚜벅 정직하고 힘차게 걸어보자

광활한 대지위에 희망을 심어보자

새로운 마음 심으며 보람 있는 한 해 되자

오래

오래 묵은 간장은 좋은 맛 우려내고

오래된 쌓인 감정은 분쟁만 일으킨다

하지만 오래 참으면 모든 매듭 풀린다

그대의
행복 모두가
당신과 나의
행복이므로

2부

행복은 이런거야

갑자기
하늘에서
보화가
떨어지면

모두 다
당신에게
주고야
말거야

그대의
행복 모두가
당신과 나의
행복이므로

누나 생각

여름철 햇볕 받은 울밑에 선 봉선화

탐스럽게 피어서 빨간 꽃잎 웃고 있다

어릴 적 누나의 손톱 빨갛게 물들었다

지금은 고운 얼굴 어디론가 사라지고

주름살이 거미줄처럼 쳐 있는 누님 얼굴

고요히 반달 노래 부르며 합창하던 생각난다

말없이 보낸사람

장마비가 온종일 주룩주룩 내릴 때
막 걸른 막걸리를 뚝배기에 가득 채워
단숨에 마시고 싶어라 타는 가슴 젖도록

다시 만날 기약없이 보내는 안타까움
말없이 보낸 사람 뒤돌아 보고 보네
그리움 열정이 타올라 터질듯 한 이 가슴

건강은 가장 귀한 자산

무너진 발걸음 지팡이에 의지하고
이리비틀 저리비틀 몸지탱 어려워라
육신은 날로 쇠약해도 생각만은 여전해

대낮에 술에 취한 갈지자 걸음으로
병원에 가는 모습 측은하고 민망해
건강은 삶의 여정에서 가장 귀한 자산이다

당당하게

나이가 들었다고 함부로 하지마라

늙는 것이 아니라 익어가는 것이다

대기는 만성이라고 쌓인 경륜 지대하다

무거운 발걸음을 멈추지 아니하고

잘살아 보자고 땀 흘려 일했으니

당당히 수고와 노력을 다 하였다 내 평생

새로운 반전

태어나서 중반까지 당당하게 살아왔다
패기차던 젊은 날 추억으로 남겨지고
남은 생 후반전에서 삶의 무상 짊어간다

멋쟁이 중절모에 신사복을 차려입고
굽은 등 왜소한 몸 그림자가 충전하니
세월의 아픔 지나서 인생 반전 희망이다

알 수 없는 길

나오는 길
모르면서
마음 담아
속으로

웅크렸던
좁은 마음
가져가는
힘센 너

하해河海같은
마음 담아
앞길을
바라본다

부메랑

겸손하라 배려하라 언제나 듣는 소리

삭히지 못할 말이 상처 주는 불쏘시개

후회로 독이 되어서 내 가슴을 후벼 판다

잠깐의 말 실수로 되돌릴 길이 없다

듣는 마음 상처 되어 부메랑 효과 발휘

조심은 열 번도 모자라 항상 살아가며

오리무중

수십 년 된 여자친구
지금도 알 수 없다

그녀 마음 모르면서
자꾸만 빠져 든다

어쩌지
이러지도 저러지도
못하는 내 마음

기다림

꽃피고 비가 내린 여름을 지나가야
알차게 익어가는 열매를 맛보듯이
시간의 공간을 넘어야 농부들의 기쁨이나

임산부 뱃속의 십 개월 고통을
참으며 견디어야 출산을 바라보듯
생명의 귀중함을 알리는 기다림의 환희

세상이 아무리 빠르게 돌아가도
시간의 영역을 지나야 하는 것
기다린 삶이 발효되는 아름다운 순리다

아름다운 사람

아름다운 사람은 겸손한 사람이다
낮은 자세 섬김은 존경을 받으며
미덕은 남을 높이고 양보 하는 것이다

꽃처럼 예쁘게 잎처럼 푸르게
몸과 마음 예쁘고 푸르게 가꾸어서
즐겁게 행복을 찾아서 아름답게 살아가자

고목나무

세월에 깊게 묻힌 말 없는 고목나무
깊은 주름 해 맑은 미소로 새기며
검버섯 연륜의 향기 무직하게 서있다

살아온 세월 만큼 넉넉하고 꿋꿋하게
텅 빈 가슴 품격과 열정을 지키며
진솔한 삶을 관조하는 수호신 고목나무

수박

얼마나 먹었기에
둥근 배가 갸우뚱
하하하 우습다
항아리 사촌이다

대낮에
벌거벗고 내놓은
꼬리까지 달렸네

할미꽃

고개 숙인 할미꽃 부끄러워 숙였나
수줍어서 숙였나 겸손해서 숙였지
보랏빛 청아한 얼굴에 이슬 먹고 피었다

젊어서도 늙어서도 허리 한 번 못 펴고
일평생 고개 숙인 땅만 보고 늙은 꽃
선열의 무덤가에서 묵념하는 할미꽃

여름밤 불청객

새벽빈대 소리 없이 자취를 감추고

저물 때 모기는 소리 내어 침입한다

곤한 잠 설치게 하는 여름밤에 불청객

봄의 향연

봄이 오는 소리에
꽃망울이 후드득

벌 나비도 경주하듯
매일 같이 넘나들고

여의도 윤중로에는
벚꽃이 만발하나

꽃들의 토해내는
소리가 한숨처럼

꽃잎들 실바람 타고
꽃비 되어 내린다

상춘객 온데간데없고
출입금지 표지만

꽃망울 초롱초롱
황금빛 눈을 뜨고
포근한 울타리 아래
병아리가 졸고 있다

3부

쑥 예찬

논두렁 밭두렁 틈새마다 탐스럽게
연두빛 희끗하게 내비치며 자란다
춘궁기 보리고개 넘길 때 식사대용 쑥버무리

된장 넣고 끓이면 구수한 그 향기가
우리네 입맛을 끌어당겨 좋아했다
봄 냄새 방안 가득히 몰고 오는 쑥국 밥상

능소화 필 때

오래묵은 나무등걸 지지대에 의지하며

햇살을 좋아하는 여름철 열기 따라

담벼락 올라타고서 곱게도 피어있다

평생을 한사람만 바라보며 살아온

줄기 잎눈 곁뿌리 자신을 지탱하여

얼굴을 내밀어 웃으니 집안곳곳 환하다

춘분

이십사 계절 중에
경칩과 청명사이

밤이 긴 겨울 지나
낮과 밤이 같은 날

꽃망울 터지는 소리에
얼어붙은 대지 녹는다

세상은 일 년 넘게
코로나 극성이나

겨울 잠 깨는 소식에
앞뜰이 화창하고

뭐라고 말 할것 같은
봄들이 남아있다

사월 꽃봉오리

코로나로 애태우던
어두운 마음에도

꽃향기 앞에서는
웃음꽃이 터진다

스마일 얼굴 꽃피는
만화방창 사월이다

천지간 그 어디에
흩어져 있으면서

봄의 실체 진풍경
벚꽃을 들 수 있다

사월의 꽃봉오리는
팝콘 튀듯 터진다

오월 신록

이끼 낀 돌담 벽에 담쟁이 넝쿨마다
하늘하늘 반짝이는 연초록 물결파도
어느새 수놓아 치장을 했네 오월의 신록으로

뜨거운 햇살에 눈시울을 적시고
짙어진 생명의 환희로 춤을 추네
계절의 여왕으로 외쳐보리 오월의 신록으로

5월 풍경

간밤에 불던 바람 가지마다 흔들어
꽃망울 초롱초롱 황금빛 눈을 뜨고
포근한 울타리 아래 병아리가 졸고 있다

유월

장미는 활짝 피어 바람에 흔들리고
어느새 능소화도 담장넘어 손짓한다
뙤약볕 청포도 넝쿨 옹골차게 커가고

온 산에는 흰구름 만물상을 이루고
밤하늘엔 은하수가 반달 배에 돛을단다
두둥실 어디로가나 하염없이 시간간다

초여름

뻐국새 우는소리 감자꽃 피어나고
넓은 평야 논에는 모내기가 한창이다
세상은 변하고 요란해도 계절은 여전하다

가로수 그늘아래 여인들 옷차림 환하고
담장 넘어 줄장미는 뽐내며 춤을 춘다
녹음이 무르익어가는 늦봄 지나 초여름

孟夏(첫여름)

떨어지는 꽃잎 따라 가버린 봄 나그네
녹음이 우거진 저 멀리 숲속에서
뻐꾸기 우는 소리에 초여름이 문턱 넘어

밤꽃이 피어나니 벌들의 꿀단지다
품앗이 모내기에 이웃들 모여들고
막걸리 권주가에 흥겨워 벌써부터 풍년이다

반가운 손님

새벽부터 주룩주룩 내리며 간지르는

반가운 빗소리는 생명 길 열어준다

기다린 빗방울소리 산천초목 호령한다

목마른 대지위에 활력소 영양제다

삼라만상 요란한 빗물은 소생하는 힘

하늘이 내려준 선물 풍요로운 여름비

여름의 절정

녹음이 짙어가는 여름의 절정이다
자연의 품으로 떠나고픈 휴가철
건강한 여름을 위해 쉬어가자 칠월

불볕더위 싸우면서 힘들고 어려워도
시원한 커피 한 잔 여유를 가져본다
덥다고 짜증 내지 말고 내가 먼저 웃음을

사계절

봄　　푸른 잎 속삭임이 귓가를 맴돌고
　　　산들바람 불어대니 대지가 흔들린다
　　　꽃내음 등성이 타고 남촌마을 먼저 오네

여름　뜨거운 태양 아래 청포도 익어가고
　　　어디선가 뻐꾸기 우는 소리 시원하다
　　　소낙비 지난 후 무지개 산허리에 걸쳐있다

가을　바위틈에 애기단풍 곱게도 물들이고
　　　찬서리 황국화는 울밑에 피어있다
　　　추수중 풍년가 흥타령 농촌마을 사람들

겨울　삭풍에 눈보라가 평원에 쌓이는데
　　　초롱불 화로가에 고구마 굽는 냄새
　　　문풍지 울어 대는데 이불속에 새우잠

하지(夏至)

이십 사 절기 중 망종과 소서 사이
낮이 가장 긴 날이요 밤이 가장 짧은 날
훈풍에 쏟아지는 햇살아래 푸른 숲이 절정이다

청포도 넝쿨마다 능소화 피어나고
먼 산에 뻐국새 우는 소리 한가로워
김매는 농부의 땀방울 풍년가를 약속한다

여름휴가

쏜살같은 세월이 금년도 반이 넘어
쏟아지는 햇살에 찜통같은 삼복더위
동해의 시원한 바람 파도치는 수평선

해당화 피어나는 해변의 모래언덕
반긴다 갈매기도 뭉게구름 사이로
서해로 달린다 달려간다 만리포라 여름휴가

겨울밤

나이가
먹은 탓인가
잠이 오지
않는 밤

적막을
깨트리고
울어대는
문풍지

어린 날
초가지붕에
매달렸던 고드름

정월대보름

정월 대보름 달
유난히도 둥글다

맛있게 무친 나물들과
밤과 땅콩 등 부럼들

온 식구
불러들여서
왁자지껄 명절이다

대보름 쥐불놀이
논두렁에 불을 놓아

모든 액운 떨치려고
연날리기 대회 한다

해충과 벌레 죽여서
농사준비 하는 정월대보름

강변의 봄

꽃내음이 코끝을
스치면서 숨어든다

내 마음 붕붕 떠올라
발걸음이 가볍다

봄바람
강변에 철새
사랑싸움 짝짓기

봄의 불청객

상큼한 봄냄새로 식욕이 절로 난다
점심 후 몰려드는 분별없는 춘곤증
나른한 무력증으로 눈꺼풀이 덮힌다

봄비에 꽃들은 경쟁하듯 피어나고
활기찬 계절에 기분은 상쾌하다
불청객 첫사랑처럼 봄이면 찾아든다

고향 하늘

황토길 언덕배기 풀꽃들의 향연이

우리고향 계절 맞춰 곱게도 피었어라

청명한 고향하늘이 꿈속에 선연하다

잊혀진 듯 가는구나 멀어져 가누나

세월 흘러 수 십 년이 되었어도 변함없다

꿈속에 그려진 모습 새롭기만 하여라

여섯 시 내 고향

저녁 지을 시간이면
방영되는 여섯 시 내 고향

계절 따라 알려주는
우리동네 소식들

푸짐한 먹거리차림
밥상을 유혹한다

산천따라 볼거리로
시청자 사로잡아

도시의 찌들은 때
씻겨주는 반가움

가는 곳 정겨운 솜씨
행복잔치 풍긴다

양평 소묘

용문산 마당바위 등산객 쉬어가고
천백십 년 수령이 수호신 되어서
병풍이 둘러 쳐진 듯 은행나무 향기난다

남한강과 북한강이 만나는 양수리
산과 호수속 그림같이 느티나무 서 있다
한 폭의 풍경화구나 황홀하다 두물머리

시원한 강물위에 황포돛대 띄우고
낙조의 저녁노을 붉은 피로 물들인다
물풍경 수평선 저멀리 고요하게 잠긴다

사계절 꽃 마당

당진의 볼거리인
꽃 단지가 조성된

합덕제 꽃거리가
세계유산 등재되어

군락을
이루는 꽃들
힐링의 꽃구경

밀레의 만종은
은은히 울려 퍼지고
촌부의 순결한 사랑
바람결에 일렁인다

4부

백두산에 올라

장백산맥 동쪽에 밀림을 깔고 앉아
구중천에 우뚝 선 우리나라 제일의 산
민족의 건국신화 발생지 높은 옥좌 백두산

꼭대기 높은 곳에 깊고도 푸른 물
선녀들이 내려와 물 긷던 하늘 샘
산정에 풀꽃으로 피어난 민족의 얼이다

우리 땅 분명한데 마음대로 갈 수 없고
중국 땅 밟아야 오르는 안타까움
건너편 북한 경비초소 맨 눈으로 보인다

구름이 쏟아진다 무지개가 떨어진다
하늘과 땅을 잇는 장백폭포 물기둥
흐르는 유황 온천수 달걀 익혀 팔고 있네

제주도 기행

파도소리
장단 맞춰
해녀들의
소라잡이

유채꽃
향기에는
벌 나비들
데모하고

용머리
아름다운 섬
관광객이
즐비하다

궁남지 연꽃

장마비 쏟아져도 젖지 않는 연잎 들
초록바람 사이로 타오르는 꽃봉오리
진흙탕 물속에서도 고요롭게 피어있다

홍련, 백련, 수련이 사이좋게 어울리니
찬란했던 그 옛날 백제의 숨결 출렁인다
궁남지 연꽃향 속에 스며드는 내 영혼

청송대 푸른 숲

추억의 그림자 감미로운 낭만이
숨어있는 푸른 동산 아름답게 가꾸어
녹음이 짙어질 무렵 우리 모두 걸어보자

백양로 뜰을 지나 솔솔바람 불어주던
학창 시절 거닐던 그리움의 청송대
흘러간 세월 속에서도 변함없이 숨을 쉰다

독수리 날개 치며 하늘을 비상하듯
연세의 이상들이 세계로 향할 때
인류의 오랜 꿈을 품고 여기에서 꿈을 펴자

* 청송대: 연세대학 교정에 있는 소나무 숲.
　　　　 연대의 허파로 숨을 쉬는 상증이다.
　　　　 청송대 푸른숲 가꾸기 스토리 공모전 응모작

중국기행

대륙을 차지한 크고도 넓은 땅
13억 인구가 모여 사는 대국이다
피바람 몰아쳤던 곳 붉은 광장 천안문

명나라 청나라 황제가 살던 곳
황금빛 추녀 아래 검붉은 기둥이
천년의 영욕을 달래주던 넓은 광장 자금성

태화전 영화도 중화전 인걸들도
흘러간 세월 속에 낙엽처럼 떠나버린
그날에 황제처럼 으스대며 고궁 뜰을 걸어본다

북방의 유목민을 막기 위해 쌓은 성
춘추 전국 시대부터 진흥왕이 완성했다
수많은 오랜 시간 속에 쌓아 올린 만리장성

만리를 달려가는 커다란 한 마리 용
하북에서 감수성 아득한 대륙을
땅에서 하늘로 올라가는 몸부림의 광경이다

서오릉 먹자거리

미식객 모여드는 주말의 서오릉
단백질과 칼슘과 미네랄도 풍부한
맛 좋은 추어탕 전문점 고향을 떠 올리게 한다

참새가 방앗간을 지나치지 못하듯
자동차 행렬이 인산인해 명절 같다
주말엔 어머니를 그리며 고향집 찾듯 간다

예당호* 출렁다리

우리나라 제일 큰 저수지 예당호
전국에서 가장 긴 하늘 아래 출렁다리
전망대 올라서 보니 환상적인 비경이다

망망대해 수평선 가슴이 탁 트이고
황홀한 물풍경이 한 눈에 펼쳐진다
예당호 출렁다리에 모여드는 인파들

* 충남 예산

서울 도성 한 바퀴

인왕산에 수도를 지키는 호랑이 산
정동길 지나서 돈의문 뒤로하고
성곽길 따라 오르면 범바위에 넓은 조망

북악산은 경복궁 수호하는 서울 주산
돌고래 바위에서 한숨을 돌리고
정상의 백악마루에서 동서남북 한눈에

낙산은 낮고도 평평해 친근한 산
혜화문 호젓한 길 정상까지 이어진다
동대문 흥인지문은 우리나라 보물 일호

남산은 서울시민 휴식처 공간이다
국립극장 스쳐서 급경사 땀이 송송
정상에 팔각정 봉수대 우뚝 솟은 전망대

잠두봉 내려오면 남산공원 들어선다
안중근 기념관과 백범광장 지나서
숭례문 남대문에 닿으면 서울 도성 한 바퀴

* 백악마루: 백악은 옛 북악의 이름이고 마루는 가장 높은 곳을
　　　　　가리키는 우리 말이다.

남도 일번지 (전남 강진)

바람 따라 여행이다 남도 일번지
월출산 국립공원 빼어나게 아름답다
남해안 곡창지대로 농산물의 집산지

강진만 갈대숲 바람에 파도치고
짱뚱어와 게들이 갯벌에서 경주하네
탐진강 청정계곡은 공해 없는 힐링공원

고령토 규석으로 고려청자 만들었다
도자기 가마터 지금도 남아있네
문화의 중심지로 발달한 곳곳이 문화재

백련사 둘레길 유배된 정약용
귀양살이 십일 년 집필한 목민심서
실학파 새로운 사상 후세에게 귀감이다

절두산 성지

절두산 앞마당엔 순교신부 동상과
순교자 석상들이 한강을 바라본다
박해로 종교역사 간직한 성지는 서글프다

낭떠러지 강물은 도도하게 흐르고
누에머리 드러낸 우뚝 선 잠두봉
순교자 머리 잘린 영혼 위로하듯 잠든다

호남평야

서해 바람 남도 땅 비옥한 만경벌은
출렁이는 황금 파도 여기가 곡창지대
영원한 우리의 젖줄 보배 창고 호남평야

기다란 논두렁 땅끝까지 펼쳐지고
지는 해 따라가는 끝없는 노란 물결
벽곡제 지평선축제 농경문화 조명한다

만경강 흐르는 물 넓은 들 품에 안고
토해낸다 알곡으로 풍년을 노래하리
농자는 천하지대본 우리 겨레 자랑이다

* 벽곡제: 전북 김제시 만경읍에 있음
* 지평선축제: 지역 향토제로서 1999년에 시작.
　　　　　　벽곡제 일대에서 해마다 열린다.
　　　　　　2005년 정부지정 최우수 문화관광축제로 뽑혔다.

만종

노을이 저물어 황토빛 재촉하고
저 멀리 성당의 종소리 들리면
들판에 이삭 줍는 부부 두 손 모아 기도한다

오늘도 노을빛 해지는 대지위에
밀레의 만종은 은은히 울려 퍼지고
촌부의 순결한 사랑 바람결에 일렁인다

마장호수에서

육이오 전쟁으로 인한
호국영웅 발굴한

작전지 현장인 곳
걸으며 생각한다

찬바람 스쳐가지만
오랜만의 나들이

시선을 훔쳐간다
아름다운 호수 전경

말들이 뛰어노는
운동장의 형태로다

푸르게 잠겨있는 호수
내 마음속 비추네

아파트 뛰는 소리

발도 하나
없는 것이
뛰는 데는
선수다

몇 년 만에
천정부지로
올라간
아파트 값

서민들
한숨소리도
뛰는 소리
못지않다

감기 걸린 자동차

지하도
콧속처럼
빽빽하게
막히고

그렁그렁
가래기침
중고차 된
배기통

붐비는
퇴근길에서
감기 걸린
자동차다

강화도 유랑

고인돌 선사시대 유물이 세계유산
마니산 참성단은 하늘 제사 지낸 곳
호국의 아픔이 배어있는 역사적인 강화도

고려궁지 유수지 동헌 건물 보이고
용흥궁 초가집은 강화도령 살던 곳
한눈에 지나온 발자취 볼 수 있는 관광지

한계령에 오르며

설악산 굽이굽이 길따라 오르니
천사의 날개 같은 구름을 벗 삼아
보일 듯 수줍게 앉은 숨은 듯 한 한계령

봉우리 절벽마다 세월에 찢긴 흔적
신선은 부드러운 몸짓으로 품어안는
태고의 신비가 엿듣는가 안기고픈 한계령

배풍산에 올라

배풍산 뻐꾸기는 옛정을 그리는가
비탈진 언덕에는 진달래 피어있고
옛 친구 어느 곳에 사는지 방장산이 보인다

첫사랑 헤어짐은 연민의 여운인가
벚꽃이 활짝 피어 님 보듯 반기는데
옛 모습 간데없구나 전설 속에 이야기

봄소풍 보물찾기 나무 사이 숨바꼭질
해지는 줄 모르고 뛰어놀던 그 시절
칠형정 그 자리에는 가랑비만 내린다

* 배풍산: 전북 고창군 흥적면 소재지에 있는 뒷산
* 방장산: 노령산맥 한 구간 전북 전남경계선에 위치한 산 650m
* 칠형정: 배풍산 중턱에 있었던 정자

지구촌 한 모퉁이

빗자루 들고서 마당을 쓸다보면
꽃 한 송이 피어서 향기를 전해준다
지구촌 한 모퉁이의 아름다운 광경이다

마음속에 시 한 수 싹이 터서 자라고
번뇌는 사라지며 정서가 살아난다
지구촌 한 모퉁이가 환하게 밝아온다

홀로 서서 거리두기

추수 끝엔 들판에 철새들이 모인다
참새 무리들에게 거리두기 당부하니
얄밉게 염치없는 입으로 짹짹이며 날아간다

마스크 쓴 가난하고 허름한 허수아비
코로나 방역수칙 지키기 위해서
오늘도 바람 불고 비가 와도 홀로 서서 거리두기

어망도
법망도 모두
순리대로 잡혔으면

5부

어망과 법망

고기 잡는 그물은
큰 놈만 잡히고

사람 잡는 법망은
피라미만 잡힌다

어망도
법망도 모두
순리대로 잡혔으면

염치없는 양반네들

文(문)과 武(무)가 겸해야 가라사대 兩(양)이요
忠(충)과 孝(효)를 갖추어야 가로되 班(반)이다
관직이 3대 내에 있어야 양반 대열 들어간다

먼 조상이 관직에 있다고 하여서
양반 행세하는 것 수치스런 행태라
현실을 직시하며 살아가자 염치없는 양반네들

그를 두고 하는 말
- 한영복 장로

30년을 한결같이 주회에 참석할 때

제일 먼저 앞자리에 단정히 겸손하게

일평생 성경말씀으로 살아가는 사나이

언행일치 초지일관 말과 행실 같으며

처음과 끝 동일해서 그를 두고 하는 말

언제나 당신에게는 예수냄새 납니다

선거바람

바람바람 불어온다 4년마다 선거바람
국민주권 행사하는 투표날만 민주주의
때 없는 선심공세에 속아드는 유권자

푸짐한 공약으로 휘몰아치는 바람
그 누가 선량한 후보인지 알 수 없어
서로가 인신공격으로 혼탁해진 선거바람

잃어버린 역사

한일합병 국치의 날 식민지 설움 속에
잊지 못할 굴욕의 아픔이 남아있어
한없는 한숨소리가 꿈속에서 맴돈다

세월이 지나가도 아직도 응어리가
잊어보자 달래봐도 원한이 숨어있어
강탈의 일제강점 36년 잃어버린 역사다

충혼탑

군번도 계급장도 없는 군인 되어서
학생의 몸으로 순국한 저 영혼들
그 이름 학도의용군 조국위해 몸 바치다

책가방 내 던지고 구국의 일념으로
적군을 향하여 반공을 외치면서
꽃다운 나이 이건만 초개같이 목숨을 던졌다

모든 것 다 버리고 자원하여 싸움터로
총탄이 비가 오듯 쏟아지는 연기 속에
애국에 불타는 마음 나라위해 전사하다

75주년 광복절 헌시

장맛비 쏟아져도 광화문 거리마다
광복절 기념행사 애국시민 모여든다
이 날은 감격이 폭발한 날 우리 모두 참여하자

압박과 설움에서 해방된 발걸음
번영의 깃발 아래 힘차게 걸어왔다
다 함께 손에 손잡고 광복 이념 위하여

고난의 역사 속에 살아온 이민족
하나님 선택받은 사명을 받들어
세계를 주도하는 나라 이 민족이 되소서

하늘을 바라보며 인류의 오랜 꿈을
21세기 열방을 향하여 달려간다
장하다 위대한 나라 대한민국 비상하자

개천절 헌시(제 4352주년)

시월에 호삼일 하늘이 열리고
태초에 왕검성에 도읍을 정했다
반만년 역사 속에서 건국이념 지켜왔다

홍익인간 이념으로 살아온 이 민족
우리 함께 널리널리 이롭게 이롭게
고조선 맥을 이어왔다 대한민국 번영하리

하나님 명령이라 제사장 나라되어
21세기 세계를 이끌어 가라고
죄악에 빠져버린 열방을 구원자로 삼으셨다

청빈

권력의 욕심과 재물의 유혹은
구름처럼 바람처럼 멈추지 않으니
그 누가 청빈이라고 말할 수 있으리오

권세는 풀과 같고 부귀는 꽃과 같다
풀들은 마르고 꽃들은 떨어지되
주님의 창조섭리는 영원불변 하리라

土亭 이지함

누구나 쉽게 보고 즐기는 토정비결
고달픈 민초들 힘주고 희망준다
선각자 토정 이지함 경제부흥 일으켰다

양반이 상인되어 장터에 주저앉아
상법을 가르치고 실습하고 실천하여
백성들 자립정신으로 衣食住 해결했다

마포나루 토담아래 검소한 산림사
모든 백성 본이 되는 실학자 토정 이지함
현대를 살아가는 우리 선진들의 본을 받자

세월호 합동장례식장

부모가 죽어도 삼일장에 장례인데
여행 가다 사고 난 합동장례 치르는데
광화문 광장에 천막치고 6년 세월 문상하네

그만큼 울었으면 끝낼 때 되었는데
아직도 무슨 요구 속 보인다 그 셈법
예의도 수치도 고사하고 염치까지 없는 행도

두 눈을 뜨고는 참아볼 수 없는 광경
질서도 법도 없는 깽판 치는 꼴불견
올바른 정신으로는 볼 수 없는 행태다

그 사람 1
- 서초구청장 조은희

무더위 폭염에 시달리는 구민위해
이 나라 복지정책 꽃 피우는 그중 하나
뙤약볕 그늘막 설치해서 더위 피해준 그 사람

밤낮없이 구석구석 찾아서 행동했다
소박한 성품으로 국가살림 알뜰하게
피곤한 서민들의 아픔 잘도 아네 서초구청장

그 사람 2
- 전 환경부 장관 이만희

바라보고 있으면 사람 냄새 나는 사람

나도 몰래 마음 뺏긴 지남철 같은 그 사람

섬김의 부드러운 배려 존경받는 사나이

뭇사람들 잘 났다고 으스대며 뽐내지만

목마른 분위기를 시원하게 풀어주는

언제나 한결같은 행동 초지일관 처신하는

현충원 참배

뜨거운 햇살 아래 활짝 핀 능소화
초여름 하늘 아래 곱게도 단장했다
현충원 언덕 아래로 모여든다 추모행렬

피 끓는 정열을 조국 위해 바쳤다
불의에 항거하며 이 한 몸 던졌다
우리는 잊지 않으리 그대들의 충정을

6월 6일 현충일은 순국선열 날이다
무명용사 충혼탑에 머리를 숙였다
영령들 영원히 빛나리라 고이고이 잠드소서

새 포도주 새 부대에

共存의 기치아래 출범했던 국민의 힘
구습의 껍질을 깨뜨리고 일어서자
30대 당 대표 탄생 젊은 정치 등장했다

고정관념 이제 그만 성숙하게 나가자
21세기 주도하는 새 바람 불어온다
희망의 물결이 파도친다 새 포도주 새 부대에

한해를 보내며

별빛도 희미해진 종로의 뒷골목

거나하게 술 취해 붉어진 얼굴들이

발걸음 흔들대면서 어디론가 흩어진다

종이처럼 오려붙인 초생달은 쓸쓸하고

한해를 보내려는 사람들의 바쁜걸음

가족은 나의 힘이라며 발길을 재촉한다

에필로그

바라보면 살리라

　이스라엘 백성들은 광야생활 40년의 긴 세월 속에 그들은 지치고 피곤했다. 그리고 하나님께 원망이 터져 나왔다. 그러나 하나님께서는 그런 백성에게 만나와 메추라기를 내려 주십니다.

　하지만 백성들은 또 원망합니다. 이스라엘 백성의 문제는 먹고 마시는 것이 문제가 아니라 마음이 문제였습니다. 광야생활의 지쳐버린 상황속에 묻혀 마음의 시선이 방향을 잃어버린 것이었습니다.

　하나님께서 불뱀으로 그들을 벌 하시자 백성들은 잘못을 고백하며 모세에게 중재기도를 부탁합니다. 모세가 백성들을 위해 기도할 때에 하나님께서 알려 주신 살 길은 놋뱀을 만들어 높은 장대에 매달고 바라보라는 것이었습니다. 그때 놋뱀을 바라본 자들은 살았습니다.

　놋뱀과 같이 십자가에 달리신 예수님을 바라보면 사는 것 이것이 진리입니다. 혹시나 우리의 마음의 시선이 땅에 정지되어 있지는 않은지요?

이제 마음의 눈을 들어 공중의 새를 먹이시고 들에 백합화를 입히시는 주 예수를 바라보아요. 지금 삶이 조금 힘들어도 마음을 지키고 주님을 바라보아야 합니다.

그러면 나의 하나님께서 새 일을 행하게 하시고 살 길을 열어주시며 필요한 것들을 공급해 주실 것입니다.

해설

김선희 (시인)

〈해설〉

연민이 꽃피운 순정의 시간들

김 선 희 (시인)

　성품이 온화하고 겸손하며 친화력이 좋고 남을 배려하는 미덕을 가지고 계신 이옥규 시인은 두 번째 시조집 『광야에 꽃이 피다』를 내며 첫 번째 시조집 『광야에서 외치다』가 꽃을 피웠다고 말씀하셨다. 팔십대 시인의 시조사랑을 엿보게 된다.

　이 시인은 세상이 혼탁할 때 깨끗한 정신력을 바탕으로 시대를 평정해나가는 질서와 공정을 유지하는 일이 시인의 덕목이라고 생각하는 분이다. 글로써 표현해야 청렴한 세상을 만들 수 있다는 강직한 신념을 가진 시인으로 폴 발레리(Paul Valery, 1871-1945)가 현재의 감정과 이미지, 그리고 과거 회상적인 상상까지도 화자와 밀접하게 접목해야함을 역설하며 이를 정확성보다는 적확해야함을 강조했듯이, 이 시인은 사회를 깨끗하게 정화해가는 정신적 지주로서 스스로 소금과 빛이 되고자

노력하는 분이다.

시인이 살고 있는 지역에서도 여러 직책을 맡아 어려운 일에 적극 동참하고 부패한 곳에는 강렬하게 비판하며 동참하지 않는 법을 아는 시인이지만 시를 쓰는 데 있어서는 서정적 에너지를 강조한다. 이옥규 시인의 시조를 여러 번 반복해서 읽으면서 드는 생각은 시인의 시상과 창작 의지, 생각의 열쇠는 다분히 '가정'이라는 것이다.

시인은 사랑으로 아내를 보듬고 자녀들을 인자하게 교육시킨 아버지이며 남편이었다. 따라서 시인의 작품들은 오랜 시간 동안 함께 사랑하며 살아온 이들을 향한 애절한 인생론적 헌사이다. 더딘 발걸음이었지만 가족을 위한 삶이 나의 생존이었음을 단독주택에 텃밭을 일구며 사는 80대 노부부로 소탈하고도 진정성 있게 고백한다. 그리움을 향한 시간의 흔적을 쓴 「그대 쉼터」를 먼저 살펴보자

큰 나무 마음속에 정자하나 심었다
그대가 쉬어가는 우리사랑 머무는 곳
바람도 그대 얼굴에 미소 주는 쉼터

55년 한솥밥에 희로애락 지난 세월
고단한 삶속에서 피로를 풀어주던
시원한 그늘막 정자 나는 그대 쉼터

「그대 쉼터」 전문

서로가 등을 기대고 살아온 시간들을 뒤돌아보며 따뜻하고도 깊은 그리움의 언어로, 단정하고도 역동적인 언어로, 아내를 사랑한다는 것을 표현하고 있다.
　또한 자신을 뒤돌아보며 노년의 시선을 보여주는 「삶의 가치」는 자기 꿈을 뒤로 한 채 가정에 충실했던 몸과 마음의 굴곡을 서정적 자아를 내보이며 자신의 자존감을 발전시키려는 의지를 보여준다.

　자기 일에
　책임을
　져야하는
　어른으로

　가족을
　위하면서
　지금껏
　살았지만

　가치를
　찾아준 것은
　글을 쓰는 일이다

「삶의 가치」 전문

그러면서도 젊은 날의 기억에서 자신의 존재론적 원형을 탐색하는데 그곳은 바로 고향이었다. 결국 내가 돌아가야 할 곳을 상상하며 언어로써 포착하는 순간 서정의 내질이 활활 타오르며 작품이 탄생하게 된다. 고향에 대한 회상에서 비롯한 「아버지」「누나 생각」은 부모에 대한 효심, 형제간의 우애가 절절히 길어 올린 순정의 물이다. 여기서 시인은 자신의 원천적 맥락을 살피기도 하며 근원적인 신생의 감각을 발견하기도 한다. 자신을 향한 그들의 그리움과 내홍을 담아내고 있다.

글만 읽던 할아버지 가난이 전부였다

재 넘어 천수답 이천 평이 전 재산

아버지 처가살이로 겨우 입에 풀칠하였다

가난이 친구처럼 붙어 다녀 허리 한번 못 펴고

자식들 입히고 먹이는데 모진 고난 한평생

하지만 우리 칠 남매 남부럽지 않게 키웠다

정직하게 살거라 가훈처럼 되뇌던

아버지 지금은 선산에서 우리를 지키신다

불효자 은혜의 보답 어떻게 갚으오리

「아버지」 전문

여름철 햇볕 받은 울밑에 선 봉선화

탐스럽게 피어서 빨간 꽃잎 웃고 있다

어릴 적 누나의 손톱 빨갛게 물들었다

지금은 고운 얼굴 어디론가 사라지고

주름살이 거미줄처럼 쳐 있는 누님 얼굴

고요히 반달 노래 부르며 합창하던 생각난다

「누나 생각」 전문

갑자기
하늘에서
보화가
떨어지면

모두 다
당신에게
주고야
말거야

그대의
행복 모두가
당신과 나의
행복이므로

「행복은 이런 거야」 전문

위의 시를 읽으면서 부러움에 배시시 웃음이 나온다. 시인은 긍정의 미학으로 신에게 모든 것을 의지하며 새벽기도를 하러 교회에 가시는 장로이다. 원래 서정시는 지난 시간에 대한 경험을 바탕으로 쓰는 경우가 많은데 다가올 시간에 대한 전망을 형상화한 것이다. 시인의 무의식속에 숨겨진 아내에 대한 연민과 사랑이 언어로 나타내게 된 것이다.

오래 묵은 나무등걸 지지대에 의지하며

햇살을 좋아하는 여름철 열기 따라

담벼락 올라타고서 곱게도 피어있다

평생을 한사람만 바라보며 살아온

줄기 잎눈 곁뿌리 자신을 지탱하여

얼굴을 내밀어 웃으니 집안곳곳 환하다

「능소화 필 때」 전문

 위의 시를 읽어 보면 평생을 자연과 더불어 단독주택에서 살아오면서 텃밭에 온갖 채소와 닭도 키우고 향나무에 의지한 능소화가 여름을 수놓으면 그 아래 평상을 놓고 독서를 하고 차를 마시며 생활한 세월의 흔적을 볼 수 있다.
 양반꽃이라고도 불리는 능소화 아래서 자신만을 평생 바라보며 살아온 아내와 능소화를 동일시하여 생각하고 있는 것이 아닐까?
 시인은 자신의 시조를 일컬어 생활 안에서 밀접하게 응축되어 하루하루 삶이 다 시라고 말했다. 가족들과 외식을 해도 시가 써지고 교회에 가서 예배를 볼 때도 성실한 분을 보면 시를 써서 존경을 표한다고 한다. 방송을 보다가도 인연이 없는 공직자라도 칭찬받을 분이면 거침없이 칭찬하고 잘못을 저지르는 정치인에게는 매섭게 질

타하는 시를 쓰는 다혈질 시인이시다. 어떤 상황이 오더라도 '펜은 칼보다 강하다'는 의지를 시로 써내는 할 말 하는 시인이다. 시란 어떤 사물이나 세계에 대한 경탄의 감정이라 말할 수 있다. 시 속에 창작자의 심정에 있는 영혼의 힘이 사물에 투시되는 것처럼 시적 힘이 나타날 수 있다.

「서오릉 먹자거리」와 「그를 두고 하는 말」을 읽으며 생활 속에 깊게 배인 이시인의 시 쓰기를 가늠해본다.

    미식객 모여드는 주말의 서오릉
    단백질과 칼슘과 미네랄도 풍부한
    맛좋은 추어탕 전문점 고향을 떠 올리게 한다

    참새가 방앗간을 지나치지 못하듯
    자동차 행렬이 인산인해 명절 같다
    주말엔 어머니를 그리며 고향집 찾듯 간다

                                 「서오릉 먹자거리」 전문

    30년을 한결같이 주회에 참석할 때

    제일 먼저 앞자리에 단정히 겸손하게

    일평생 성경말씀으로 살아가는 사나이

언행일치 초지일관 말과 행실 같으며

처음과 끝 동일해서 그를 두고 하는 말

언제나 당신에게는 예수냄새 납니다

「그를 두고 하는 말」 전문

  이옥규 시인의 두 번째 시조집 『광야에 꽃이 피다』를 읽으며 드는 생각은 시를 쓰는 일에 있어 시에 관념을 넣기도 어렵고 지우기도 어렵다는 것이다. 시에 관념을 넣었으되 그 관념이 자취를 지워 그 넣은 자리가 나타나지 않도록 하기는 더 어렵다. 그러나 첫 번째 시조집 『광야에서 외치다』보다는 시인의 내적 경험과 외적 실재를 융합하는 작품들이 많아졌고 동시대를 풍미한 타자들의 삶에 대한 관심까지 확장하는 폭넓은 세계를 지향하고 있음을 감지할 수 있다. 다음 시조집에서는 보다 깊은 사유와 내밀한 서정 언어로써 무의식의 심연에서 떠오르는 시조도 쓸 수 있을 것 같다는 희망이 보인다. 부디 일취월장日就月將하는 시인이 되시기를 빌어본다.